Autolla Italian moottoritietä numero E80 pitkin Genovasta etelään ajaneet eivät aavistakaan, millainen viiden pikkukaupungin Cinque Terre on, vaikka ovat tulleet sivunneeksi sitä 10 kilometrin päästä. Vaikkakin kahteen näistä viidestä Apenniinien juurella olevasta rantakaupungista pääsee helposti myös autolla, paras tapa tutustua niihin ja niitä yhdistävään polkuverkostoon on jalkautua ja patikoida.

Kuvittele, että kävelet polkua pitkin, ja mutkan takaa tulee aina toinen toistaan ihastuttavampia näkymiä. Se on todellisuutta Cinque Terressä, jota tämä teos kuvaa etenkin valokuvin. Itse pidämme sitä Italian viehättävimpänä alueena.

Markku Kiskola

Italian Cinque Terre mielessäin

Kuvitus: Markku Kiskola

*Kustantaja: BoD · Books on Demand, Mannerheimintie 12 B, 00100 Helsinki,
bod@bod.fi*
Kirjapaino: Libri Plureos GmbH, Friedensallee 273, 22763 Hampuri, Saksa
ISBN: 978-952-80-9407-4

*Kansikuva M. Kiskola: Näkymä Monterossoon pöin Monterosson ja Vernazzan väliseltä
patikkapolulta.*

Sisällys

Lukijalle 7

Mikä on Cinque Terre 9

Polut 10

    Polkukartta ja Cinque Terren 3d-kuva 10

    Monterosso – Vernazza, patikointimatka 3,0 km, aika 2 tuntia 15 min 12

    Vernazza - Corniglia, patikointimatka 4,0 km, aika 1 tunti 30 min 17

    Corniglia - Manarola, 2,5 km, aika 1 t 10 min, kierto 400 m korkealla Volastran kautta 5,7 km, aika 2 t... 19

    Manarola - Riomaggiore, patikointimatka 1,0 km, aika 20 min 22

    Monterosso - Levanto, patikointimatka 8,0 km, aika 3 tuntia 26 min 25

    Vernazza - Drignana, ja takaisin, patikointimatka 4,4 km, aika 2 tuntia 45 min 33

Muuta ajanviettoa 36

    Vuorovene ja rannat 36

    Ruoka ja juomat 39

    Asuminen ja kaupunkikävelyt 42

Miten sinne pääsee ja milloin kannattaa mennä 45

Loppukuvat 46

Lukijalle

Mielestäni Italian kauneimmat maisemat löytyvät Cinque Terrestä. Cinque Terre on italiaa, ja on suomeksi sananmukaisesti viisi maata. Nämä viisi maata ovat viisi pientä Ligurian merenrantakaupunkia tai kylää Apenniinien kupeessa, Italian Rivieran kaakkoispäässä. Vielä keskiajalla ne olivat toisistaan ja muusta maailmasta niin eristettyjä, että niitä yhdisti vain aasinpolku.

Viisi pikkukaupunkia ovat luoteesta kaakkoon päin lueteltuna Monterosso, Vernazza, Corniglia, Manarola ja Riomaggiore. Monterosso on viralliselta nimeltään Monterosso al Mare.

Merenrannalla ja Apenniinien rinteissä kulkevat polut ovat säilyneet nykypäivään saakka. Ja juuri niillä kulkeminen on seudun vetonaula.

Tämä kirja kertoo etupäässä valokuvin näistä poluista, mutta mukana on myös muuta paikallista juttua kuten tietoa matkustamisesta, majoittumisesta, ruokailusta ja ajanvietosta.

Tervetuloa nauttimaan Cinque Terren ikimuistoisista näkymistä.

Vantaalla 14.1.2025, Markku Kiskola

Mikä on Cinque Terre

Cinque Terre on miellyttävä ja maagisen kaunis 9 km pitkä Ligurianmeren rannikkoalue, joka sijaitsee noin 40 km Genovasta kaakkoon päin. Olen vieraillut Italiassa kaikkiaan noin 50 paikkakunnalla, joista suurin osa on ollut kaupunkeja tai pikku kyliä, ja Cinque Terre pysyy mielessäni yhä ylivertaisena.

Olemme Kaisa-vaimoni kanssa patikoineet myös lukuisia Madeiran levada-polkuja. Niihin verrattuna Cinque Terren polut ovat helpompia, eikä todella vaarallisia kohtia poluissa ole. Maisemat ovat myös miellyttävästi enemmän sivilisoituneita, mutta tarjoavat silti välillä villin luonnon luoman kontrastin.

Tämän kirjan seuraavilta sivuilta löytyy käsin piirretty polkukartta, johon merkityt polut olemme kaikki patikoineet. Ne ovatkin kaikkein suosituimmat patikointireitit. Toki Cinque Terrestä löytyy korkeammalta Apenniinien rinteiltä myös paljon lisää lähes kilometriin nousevia polkuja. Tietoa niistä voi helposti googlata monista osoitteista. Mutta esimerkiksi osoitteesta

https://www.cinqueterre.eu.com/en/footpaths-cinqueterre

löytyy myös tässä kirjassa kuvattujen polkujen tarkempi kartta.

Tämän kirjan polut ovat sikäli mainioita, että jos väsyttää, voi oikaista tai palata takaisin junalla. Lippu on hyvin edullinen, ja junia kulkee tiheästi. Esimerkiksi, patikoiden ehtii helposti Monterossosta Vernazzaan lounaalle. Hyvän lounaan jälkeen voi palata junalla Monterossoon.

Vuorolaiva kannattaa myös ottaa, esim. Monterossosta Riomaggioreen, tai jopa Porto Venereen saakka, ja takaisin, ja nähdä Cinque Terre mereltä käsin.

Ihastuimme seutuun vuonna 2010 asuessamme Monterossossa, ja palanneet sitten Cinque Terreen yhä uudestaan. Olemme yöpyneet Cinque Terressa kolmella eri matkalla, yhteensä 5 viikkoa. Yöpymispaikat ovat olleet Monterosson vanhakaupunki, Monterosson uusi kaupunki (Fegina) ja Vernazza. Kaikki ne ovat erinomaisia paikkoja viivähtää, kukin omalla tavallaan. Lisäksi olemme tehneet junalla omatoimisia päivämatkoja Cinque Terreen esimerkiksi asuessamme Genovassa tai Firenzessä. Näistä kaikista on syntynyt kokemuksia, ja samalla aineistoa tähän teokseen.

Cinque Terren kaikki viisi pientä entistä kalastajakaupunkia ovat erittäin pittoreskeja, ja kullakin on vielä omat piirteensä. Nehän ovat Monterosso, Vernazza, Corniglia, Manarola ja Riomaggiore. Koko Cinque Terre merialueineen on suojeltu kansallispuisto (Parco Nazionale delle Cinque Terre).

Cinque Terre Apenniinien rinteineen, polkuineen, kaupunkeineen ja läheisine merialueineen on lisäksi Unescon maailmanperintökohde, UNESCO world heritage.

Tämän kirjan teksti ja kaikki valokuvat ovat aitoja ja alkuperäisiä, © Markku Kiskola: niitä ei ole paranneltu, muokattu tai tuotettu tekoälyn, eikä minkään muunkaan työkalun avulla.

Polut

Polkukartta ja Cinque Terren 3d-kuva

Seuraavalla sivulla on käsivaralta piirretty polkukartta, johon on merkitty keltaisella myös kylät tai kaupunkialueet sekä rautatieasemat pyöreällä O-merkillä.

Karttaan on piirretty sinisellä kuuluisa polku numero 2, Sentiero Azzurro, suomeksi sininen polku, joka kulkee rannikkoa myötäillen Monte Rossosta aina Riomaggioreen saakka. Sen loppuosaa Manarola – Riomaggiore -välillä kutsutaan myös nimellä Via dell'Amore, suomeksi rakkauden tie. Sentiero 2:n väli Corniglia – Manarola on ollut jo kymmenisen vuotta turisteilta suljettu maanvyöryvaaran takia. Sitä pääsee vain 1 km verran Corngliasta Corniglian juna-asemalle. Jos haluaa mennä Manarolaan saakka, pitää ottaa rannikkopolun sijasta Apenniinien ylempiä rinteitä Volastran kautta kulkeva kiertopolku, tai sitten ottaa juna Corngliasta Manarolaan.

Siniseen polkuun pitää ostaa Cinque Terre -kortti, joka sisältää kartan. Polku ei siis ole ihan ilmainen. Maksua ei pääse pakoon, sillä polun alkupäissä on kontrollipisteet, joista ei pääse läpi ostamatta korttia.

Oranssilla piirretty polku on Monterossosta Levantoon. Polku vaatii jonkin verran fyysistä kuntoa, sillä heti sen Monterosson alkupäässä lähdetään nousemaan 300 m korkealle Punta Mesco -niemimaalle. Muuten polku on helpohko tässäkin kohtaa. Tämän polun loppupään Levanto ei enää kuulu tiukasti ottaen varsinaiseen Cinque Terreen.

Punaisella piirretty polku on Vernazzasta ylös Apenniinien rinnettä Drignaniin.

Seuraavalla sivulla oleva Cinque Terren kolmiulotteinen 3d-kuva on tulostettu

https://maps3d.io/

-portaalista.

Kuva on generoitu maksuttoman avoimen datan avulla, mutta sen tulostamisesta on maksettu 4,68 € tulostusmaksu.

3d-kuvan leveysmittasuhteet ovat vääristyneet polkukuvaan verrattuna. 3d-kuvan mallinnuksesta johtuen esim. 3d-kuvassa vasemmalla oleva Mesco-niemi on tässä suhteellisen pienikokoinen, kun taas oikealla kuvan "etualalla" olevat mittasuhteet korostuvat voimakkaan suuriksi. Kuvassa siis korostuva, Manarolasta luoteeseen ulottuvan poukaman lähes 300 m korkea 45 asteen rannikkojyrkänne kuvaa hyvin maavyöryongelmaa, jonka vuoksi polku on suljettu.

3d-kuva ulottuu syvyyssuunnassa Apenniinien yli. Apenniinien korkeimmat huiput ovat Cinque Terren kohdalla "vain" noin 1500 m korkeita, ja niiden toiselle puolelle Italian sisämaahan ja Toscanaan voi halutessaan kävellä merkittyjä polkuja ja hiljaisia autoteitä pitkin.

3d-kuvan takana oleva sininen alue ei ole vettä, vaan väri johtuu mallinnuksen päättymisestä tähän.

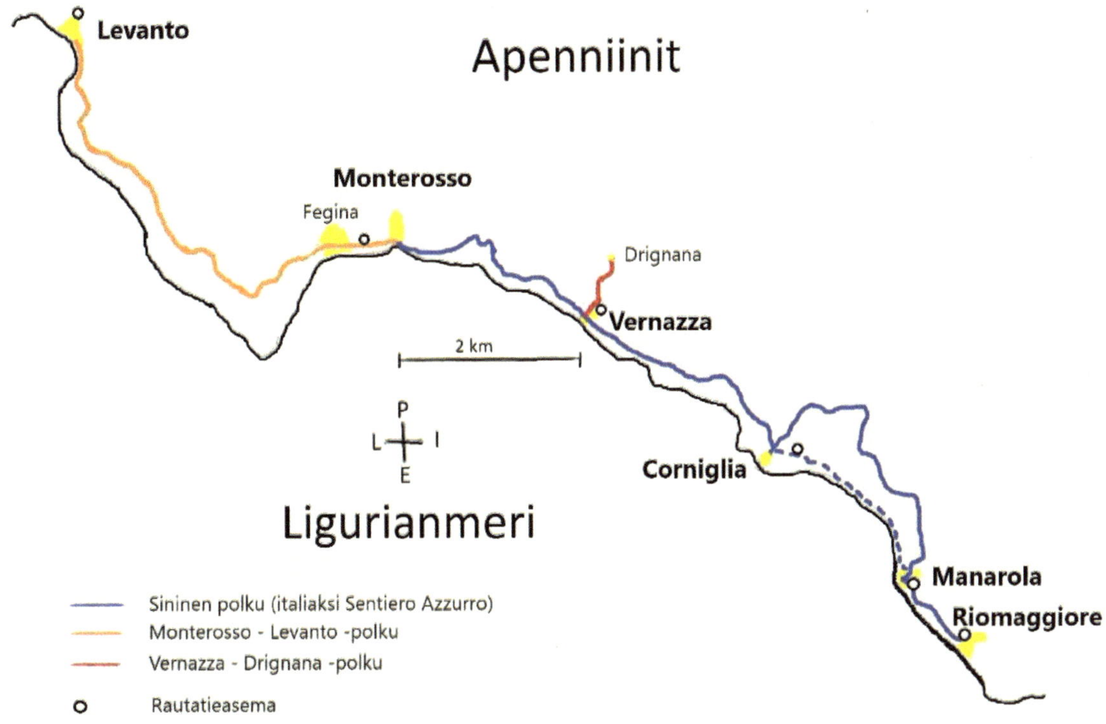

Cinque Terren polkukartta, mittasuhteet oikein

3d-kuva Cinque Terrestä, oikean alanurkan mittasuhteet korostuneita

Monterosso – Vernazza, patikointimatka 3,0 km, aika 2 tuntia 15 min

Tämä Monterosso – Vernazza polku on ehkä kaikkein suosituin matkailijoiden keskuudessa. Hyvän sään vallitessa polulla tulee vastaan parisataa kävelijää. Iloinen puheensorina voi kuulua jo mutkan takaa. Halutessaan voi sanoa päivää vastaantulijoille kaikilla osaamillaan kielillä, sillä kansallisuuksia riittää. Mekin sanoimme hyvää huomenta ainakin viidellä eri kielellä tyytyväisille ja naurusuisille vastaantulijoille, myös suomalaisille. Vähän yllättäen kuulee paljon italiaakin, ehkä noin kolmasosalta. Syy lienee ainakin osittain se, että sotavuosien lama-aikoina Cinque Terrestä muutti paljon väkeä köyhyyttä pakoon Amerikkoihin, ja nyt he palaavat lomailemaan synnyinseuduilleen.

Mutta sitten pari varoituksen sanaa, koska polku on luokiteltu "for expert hikers" luokkaan – kokeneille patikoijille.

Polku ei ole fyysisesti kovin rasittava, käveliväthän monet sitä sandaaleissa ja useat ontuen kävelykepin kanssa. Mutta polussa on useita jaksoja, joissa polun leveys on vain noin 40 cm, toisella puolella jyrkkä pudotus merta kohti, ja toisella melkein pystysuora seinä. Kun tällaisessa kohdassa vastaan tulee isokokoinen henkilö, on ohituksessa sovittelemista, ja jalkojen varmuutta tarvitaan. Arvasimme jo etukäteen, että ranskalaiset eivät juuri suostu/vaivaudu väistämän. Näin kävikin.

Toisekseen, kun ylitettään Acquapendente (eli riippuva vesi, mikä nimi tulee siitä, että rotkon vesi valuu lopulta mereen kohtisuorana putouksena) rotko, sen kaakonpuolen rinne on kostuneesta maa-aineksesta liukas. Tukevat ja pohjakuvioidut kengät ovat tarpeen, sandaaleilla on vaikeuksissa.

Palata voi helposti junalla, hyvin ansaitun lounaan jälkeen, ellei jaksa tai halua patikoida takaisin.

Monterosso jää taakse. Näkymä sinne tulosuuntaan, kun noin 20 min on patikoitu.
Edessä vanhakaupungin lahti, ja taustalla 300 m korkea Mescon niemimaa, Punta Mesco.

Monterosso näkyy vielä, kun 40 min on patikoitu. Etualalla viinitarha, takana Feginan ranta.

Acquapendente rotko ylitetään, kun 53 min on patikoitu. Liukas rotko on helpompi tähän suuntaan.

Puolivälissä Vernazza näkyy jo keskimmäisenä möykkynä, kun 1 tunti 19 min on patikoitu.

Taukopaikka, samalla kulkukissojen hoitola, kun 1 tunti 29 min on patikoitu.

Punta Mesco näkyy vieläkin takana, kun jo 1 tunti 35 min on patikoitu.

Viinipenkereitä heti polun yläpuolella, kun 1 tunti 47 min on patikoitu.

Vernazza pilkistelee polulta, kun 1 tunti 49 min on patikoitu.

Enää 10 min laskeutuminen Vernazzaan, kun 2 tuntia 5 min on patikoitu (taukoineen).
Matalan satama-altaan pohjukan vesi ei ehkä ole uinnin kannalta riittävän puhdasta.

Vernazza- Corniglia, patikointimatka 4,0 km, aika 1 tunti 30 min

Vernazzan viinitarhoja heti Corniglian polun alussa, kun 20 min on patikoitu.
Sitten noustaan 200 m korkeuteen metsäisessä maastossa.

Vernazza näkyy takana komeasti, kun 30 min on patikoitu Cornigliaan päin.
Savupiipun näköinen huippu on Doria-linnan näköalatorni.

Upea näkymä taaksepäin polulta.

Cornigliaa lähestyttäessä näkyy Manarolaan asti.

Corniglia- Manarola, 2,5 km, aika 1 t 10 min, kierto 400 m korkealla Volastran kautta 5,7 km, aika 2 t

Tässä ensin pari näkymää veneestä mereltä.

Corniglia on korkean kallion laella, eikä sillä ole omaa venerantaa, ainoana viidestä kaupungista.

Kuvan maanvyöryjen vaaran takia suora rantapolku Corniliasta Manarolaan on ollut pysyvästi suljettu.

Rantapolku on siis suljettu molemmista päistä. Tässä Manarolan pään kieltomerkki.

Kun kiertää vuorilta Volastran kautta, näkyy jo läheltä Manarolaa takaisin päin näin komeasti. Puun oksanpään takana on Corniglia, kaukana siintää Mescon niemimaa Manarolaan saakka.

Erittäin pittoreskiin Manarolaan kannattaa aina saapua. Etualalla venesatama.

Manarola- Riomaggiore, patikointimatka 1,0 km, aika 20 min

Alla on kuvitettu polkua päinvastoin, eli suuntaan Riomaggiore - Manarola.

Riomaggiore on suurehko kaupunki. Sieltä johtaa Manarolaan upea ja helppo kävelytie Via dell'Amore.

Polku oli alun perin aputie rautatien rakentamista varten. Nyt sen nimi on Via dell'Amore.

Via dell'Amore louhittiin osittain rantakallion kylkeen.

Manarola näkyy hyvin puolesta välistä, ja taas se Mesco-niemi.

Manarolassa ollaan. Kuvassa Manarolan yläkaupunkia.

Lähdimme liikkeelle Levantoa kohti Feginasta, joka on Monterosson läntinen uusi lähiö ja uimaranta-alue. Fegina luetaan usein omaksi keskuksekseen, mutta sen osoite on kuitenkin Monterosso.

5 min on kiivetty ylös Mescon niemimaalle. Monterosso on kuusen takana.

Monterosso näkyy paremmin taaksepäin, kun 13 min on kiivetty ylös Mescon seinämää.

Cinque Terre nähtynä Mesco-niemimaalta, kun vain 20 min on patikoitu Levantoon päin.

Polun viitat: Monterossoon alas on 20 min, Levantoon on 2 t 5 min, kun 29 min patikoitu ylös.

Taulu, joka kertoo kasvillisuudesta, Holm-Oak eli rautatammi, 46 min patikoitu.

Punamarjainen puu, 53 min patikoitu.

Keltaisia ja punaisia marjoja, 53 min patikoitu.

Metsäinen Cinque Terre nähtynä melkein 300 m korkealta huipulta, 1 t 12 min patikoitu.

Viittojen mukaan alas Monterossoon 1 t 5 min ja Levantoon 1 t 35 min, kun 1 t 16 min patikoitu.

Polun pahin este, navan korkuinen runko, alikaan ei pääse, 1 t 37 min patikoitu.

Pian esteen jälkeen polku muuttui mutaiseksi kivikoksi, 1 t 38 min patikoitu.

Suora pudotus mereen vaarana heti kaltevan polun reunassa, 2 t 9 min patikoitu.

Levannon lahti pilkistää polulta niemien takaa ensimmäisen kerran, 2 t 28 min patikoitu.

Perhonen päivälevolla lokakuun 17. päivänä kello 12.30, kun 2 t 38 min patikoitu.

Levanto näkyy jo hyvin, 3 t 3 min patikoitu.

Vihdoin Levannon rantahietikolla, 3 t 26 min patikoitu.
Junalla takaisin Monterossoon 5 minuutissa.

Vernazza - Drignana, ja takaisin, patikointimatka 4,4 km, aika 2 tuntia 45 min

Vernazza näkyy hienosti taaksepäin, noin 15 min patikoitu suoraan ylämäkeen.
Drignanan polulta on Cinque Terren vuorille menevistä poluista parhaita näkymiä merelle.

Viiniviljelmiä ja Mesco-niemi näkyy Drignanan polulta, 16 min patikoitu.

Viiniviljelmiä ja oliivipuita on polun reunassa paljon, 24 min patikoitu.

Vernazza näkyy vielä pienenä möykkynä laivan vanaveden edessä, 36 min patikoitu.

Muutamia satoja metrejä ennen Drignanaa on 317 m korkeudessa Santuario di Nostra Signora di Reggio -pyhättö, toiselta nimeltään Madonna di Reggio. Pyhättö on vihitty käyttöön vuonna 1853. Alla on linkki paikan nettisivulle.

https://www.parconazionale5terre.it/pun_dettaglio.php?id_pun=1940

Pyhätössä on patikoijien käytettävissä kahvinkeittokone, sieltä saa vettä ja siellä on penkkejä missä istuskella, ja siisti vesivessa. Se on varjoisa, ja siis erinomainen taukopaikka. Kahvinkeitto on maksutonta, mutta almun (gratuity) voi antaa pahvilaatikkoon halutessaan. Patikointi Venazzasta tänne kestää noin 1 tunnin, ellei taukoja lasketa. Täällä kannattaa levähtää puoli tuntia mennen tullen.

Ylöspäin mentäessä polku jatkuu eteenpäin pyhätön vasemman nurkan takaa.

Drignanan bussipysäkki 470 m korkeudessa, 1 t 45 min patikoitu taukoineen.
Drignanassa on vain muutamia vakituisia asukkaita.
Takaisin Vernazzaan pääsee patikoimalla noin puolessa tunnissa, ja bussillakin pääsee takaisin ilmaiseksi, jos on ostanut Cinque Terre cardin eli kortin.

Muuta ajanviettoa

Vuorovene ja rannat

Edullinen vuorovene kulkee säännöllisesti päivittäin Monterossosta (virallinen nimi Monterosso al Mare, ja vuorovenelaituri on vanhakaupungin lahden kupeessa) Vernazzan, Manarolan ja Riomaggioren kautta aina Porto Venereen saakka, joka on kävelymatkan päässä La Spezian kaupungista. Cornigliassa se ei pistäydy, koska siellä ei ole satamaa.

Päivämatkan ehtii helposti tehdä Monterossosta Porto Venereen ja takaisin. Tällaisella retkellä näkee kaikki Cinque Tereen hienot paikat mereltä käsin.

Manarola nähtynä vuoroveneestä. Manarolan ranta on käytännössä uintikelvoton.

Vuorovene pistäytyy Vernazzan satamassa.
Myös Cinque Terren merialue on luonnonsuojeltu.

Portovenere nähtynä vuoroveneestä, 14 km päässä Riomaggioresta.

Monterosson uimarannat ovat alueen ainoat kunnolliset. Takana näkyy koko Cinque Terre.

Monterosson Fegina-uimaranta nähtynä vanhakaupungin San Francesco -kirkon päältä.

Ruoka ja juomat

Kampela-lounaalla Manarolan katuterassilla. Hyviä ulkoravintoloita löytyy runsaasti.

*Monterosson illallispöytien tunnelmaa lokakuisen illan hämärtyessä.
Tarjoilija väitti, että näytän erehdyttävästi italowesternin Clint Eastwoodilta.*

Vernazzan coopissa. Osuuskaupat viineineen ovat yleensä vanhakaupungissa.

Kaduilla myydään myös hedelmiä. Sitruunoista tehdään kuulua Limoncino likööriä.

Cantina Burancon viinitarhat sijaitsevat kivenheiton päässä Monterosson vanhakaupungista.

Cantina Buranco järjestää viinikierroksia ja siellä pääsee maistelemaan tilan valko- ja punaviinejä, Sciachetrà'a (Ligurian väkevää viiniä), Limoncinoa (sitruunalikööriä) sekä grappaa, ja ostamaan niitä.

Ruokakaupoissakin on paljon viinejä tarjolla.

Mutta Ligurian Cinque Terren ylivoimaisesti yleisin paikallinen viini on nimeltään valkoinen Cinque Terre.

Muista Ligurian ja Italian viineistä on kattavasti esim. kirjoittamassani viinikirjassa, johon linkki alla

https://sites.google.com/view/viinikirjasi/

*Monterosson vanhakaupunki hotellimme Stella Della Marinan parvekkeelta.
Vanhakaupungin kujilta löytyy myös monia ravintoloita.*

Vernazzan vuokrahuoneistomme oli keltaisen talon ylimmässä kattokerroksessa.

Villa Adriana huoneistohotellimme Monterosson Feginassa.

Corniglian juna-aseman takana näkyy korkealla kallion päällä Corniglia.
Tästä eteenpäin (kuvassa taaksepäin) Manarolan polku on suljettu.

Corniglian kujat ovat kapeita.

Miten sinne pääsee ja milloin kannattaa mennä

Monterosson asema. Junatunneli Levantoon päin alkaa heti asemalta.

Cinque Terreen pääsee parhaiten lentämällä ensin Milanoon, ja sieltä sitten junalla Genovan kautta. Myös Genovaan on lentoja, ja sieltä on lyhyt junamatka Cinque Terreen. Junamatka Genovasta Cinque Terreen on jo sinänsä kokemus: junatunneleiden lomasta pilkistelee ihastuttavia rantamaisemia.

Omalla autolla ei juuri kannata tulla, koska Cinque Terren parkkipaikat ovat pieniä, ja kesäkaudella tupaten täynnä. Voi kyllä tietysti kysyä ennakkoon, voiko hotelli varata autopaikan esim. viikoksi.

Valitettavasti pakettimatkoja ei järjestetä, joten asunnon/hotellin joutuu varaamaan itse, kätevimmin netin kautta. Vuokrattavia asuntoja ja huoneistoja on tarjolla enemmän kuin hotellihuoneita.

Paras käyntiajankohta on alkukesä tai syyskuun alku. Keskikesällä on liian kova tungos, ja lokakuuhun voi osua ilmastomuutoksen yhä enemmän aikaistama syysmyrsky.

Teimme viimeisen matkamme lokakuun alkupuolella. Edellisenä päivänä oli ollut myrsky, joka oli kaatanut puita junanradalle, joten pääsimme junalla vain Milanosta Genovaan, josta otimme taksin Levantoon, josta paikallinen 5 minuutin junayhteys sentään toimi Monterossoon.

Jos oikein ikävästi sattuu, niin syyssateet voivat synnyttää mutavyöryjä "landslide". Viimeisimmät katastrofit ovat olleet vuosina 2011 ja 2012. Suuri osa Vernazzaa peittyi autoineen mutavyöryyn 25.10.2011, mutta kaupunki siivottiin kuntoon jo seuraavaksi kesäksi. Syyskuussa 2012 Riomaggiore – Manarola polun rikkoi kallion luhistuma "rockslide", ja polku avattiin uudelleen vasta 2024.

Junilla voi tehdä helppoja päivämatkoja myös muualle Italiaan. Esim. Vernazzassa asuessamme teimme päivämatkan Parmaan, ja ostimme sieltä ilmakuivattua ja vastaleikattua kinkkua. Monterossossa asuessamme teimme päivämatkan Sienaan, Pisaan, ja Luccaan.

Nämä voi tietysti tehdä päinvastoin, eli päivämatkana Cinque Terreen, varsinkin Genovasta.

Loppukuvat

Cinque Terren Ligurian meren rantaviiva nähtynä Toscanan puolelta lounaaseen Apenniinien yli. Sama 3d-kuva kuin sivulla 11, mutta pyöriteltynä eri suuntaan, korkeammalle ja kauemmaksi.

Cinque Terre katsottuna lännestä päin. Edessä Levanto ja Mesco-niemimaa. Taas se sama 3d-kuva.